Auant que d'entrer dans le difcours de cette langue, il fera bon de rémarquer que ces peuples , s'étendans bien loin dans les terres , ont quelques termes pour s'exprimer differens les vns des autres,& qui ne font pas par tout les mémes , bien que ce ne foit qu'vne méme langue; que nos François, à mon auis, pourront prononcer auec facilité, puifqu'elle eft douce, & qu'elle n'a aucun accent rude, ny prononciation gutturale.

Elle eft compofée des mémes parties que les autres dont nous auons connoiffance : car elle a *des Verbes, des Noms, des Pronoms, des Conionctions, des Difionctions, des Propofitions, & des Aduerbes ; & méme des Particules qui ont quelque fignification, ou qui feruent à l'elegance.*

Les *Verbes* n'ont pour l'ordinaire qu'vne méme terminaifon pour toutes les trois perfonnes ; la Caracteriftique defquelles eft marquée le plus fouuent par la premiere lettre. La premiere perfonne eft ordinairement defignée par la confone *s.* la feconde par *M.* & la troifiéme par *N.* en voicy plufieurs exemples.

Sícaſſa, Ie fais,	*Sicáboüi*, I'ay fait,
Mícaſſa, Tu fais,	*Micáboüi*, Tu as fait,
Nícaſſa, Il fait.	*Nicáboüi*, Il a fait.

óboüi, Ie ſuis venu,	*Siméro*, I'écris,
Móboüi, Tu es venu,	*Miméro*, Tu écris,
Nóboüi, Il eſt venu.	*Niméro*, Il écrit.

Secáliſſa, I'apprens,	*Secáliti*, I'ay appris,
Mecáliſſa, Tu apprës,	*Mecáliti*, Tu as appris,
Necáliſſa, Il apprëã.	*Necáliti*, Il a appris.

Sónoüi, I'ay mangé,
Mónoüi, Tu as mangé,
Nónoüi, Il a mangé.

Les *noms* ſont pareillement indecli-
nables, & n'ont point de diſtinction de
nombres, ny de cas; Il y en a de Subſtan-
tifs auſſi bien que d'adiectifs : mais les
vns ny les autres ne changent point de
terminaiſon en quel regime qu'ils ſe ren-
contrent. Exemple, *Cóüé* ſignifie *vn ha-
meçon*; & *Iroupa*, veut dire *beau*, ou *bon*.
vn Galibi ſe ſeruira de cet Adiectif, &
de ce Subſtantif en cette ſorte, *Banáré
amíaro íroupa cóüé; Mon compere d'oüé moy de
bons hameçons:* & ſi ie veux loüer mes ha-
meçõs, i'adiouſteray, *Aoü máro íroupa cóüé*,

INTRODVCTION A LA LANGVE DES GALIBIS,

SAVVAGES DE LA TERRE FERME de l'Amerique Meridionale.

Par le P. PIERRE PELLEPRAT, *de la Compagnie de* IESVS.

A PARIS,

Chez SEBASTIEN CRAMOISY, Imprimeur du Roy & de la Reine.
Et GABRIEL CRAMOISY, ruë S. Iacques aux Cicognes.

M. DC. LV.

AVEC PRIVILEGE DV ROY.

INTRODVCTION
A LA LANGVE
DES GALIBIS,
SAVVAGES DE LA TERRE FERME
de l'Amerique Meridionale.

IE satisfais en cet écrit à plusieurs personnes de consideration, ~~qui m'ont~~ souuent interrogé sur la langue des Sauuages auec lesquels i'ay vécu dans la terre ferme de nostre Amerique : Et qui ont desiré que ie leur en donnasse quelque connoissance. I'ay cette creance que ce petit trauail ne sera pas inutile à ceux qui auront dessein de se transporter en ces contrées, soit pour le trafic, & pour la culture des terres ; ou pour y acquerir des couronnes dans la conuersion de ces peuples infideles.

les hameçons qui font auec moy font bons, c'eſt
à dire i'ay de bons hameçons.

Les *Pronoms* Perſonnels ſont *Aoù*,
moy : *Amólo*, toy : *Móco*, où *mócé*, luy : l'In-
terrogatif, *Qui*? *Nôke*, *Anoke* ? *Nóke ni-
roùnbouï*? qui eſt mort? *Anóke némouï maliá*?
qui a dérobé le coûteau ? Le *Poſſeſſif* eſt
ſouuent deſigné par ces trois voyelles,
e, *a*, *o*, par exemple , *émourou* , *mon fils*,
ámourou , *ton fils* ; *ómourou* , *ſon fils* , mais
le plus ſouuent il eſt ſouſentendu , &
n'eſt pas exprimé de parole.

Voicy vn exemple des *Conionctions*,
& vn autre des *Diſionctions*, *Ouglian*, *Ou-
liànroba*, les hommes , *&* les femmes auſſi :
Nei Kerémeci , *nei malia*, ou vn raſoir, ou vn
coûteau. Les *Propoſitions* ſont en grand
nombre , voicy celles dont i'ay quelque
cónoiſſance : *Ta*, ou, *Táca* ſignifie *au*, *dans*
ou *dedans*. *Huetoùta*, *Au Soleil* : *Connóbo-
ta*, *A la pluye*. *Aútota*, ou, *Autotáca*, *dans
la caſe*. *Boco*, *pour*, *contre*, *au*, *& aux*. *Obouï
Gálibi bóco* , *Ie ſuis venu pour les Galibis* :
Téléké Ieſus yáouamé bóco, *Ieſus eſt fâché
contre les méchans* : *Aoù iroupa mourou bóco*,
Ie ſuis bon à mon fils , ou, *Ie ſuis bon à mes
enfans*. *Bóna* eſt vne autre Propoſition qui
ſignifie, *en*, *aux*, *vers*, *contre*, *de* : *Itoléſſe-*

man France bóna, Veux-tu aller en France?
Oússa oubáou bóna, Ie vay vers les Isles, aux
Isles. Tóbou bóna, contre vne pierre. Te-
técari cámicha bóna, Il a peur de ta
robe. Pour exprimer la proposition, Auec,
ils se seruent de, Máro, ou de la particule, Ké, qu'ils adioustent à la fin du
mot: Bibimáro, Auec sa Mere: Níoüi Ei-
tóto bleóüaké, Il a blessé les ennemis auec ses
fleches. Toúpo, quand il est proposition,
signifie dessus, ou au dessus, Cábou toúpo, Au
dessus du ciel, sur les cieux. Oubíno, dessous:
Nóuno oubíno, Au dessous de la Lune. Et fina-
lemeut, Oüíno est aussi vne propositió qui
a diuerses significations, contre, vers, de
ce costé. Fránce oüíno, Contre les François; Bálana oüíno, vers la mer, du costé de la mer; I-
bappóroüé oüíno, de tous costez.

Parlons maintenant des Aduerbes. Ils
en ont de temps, de lieu, de quantité,
de qualité, d'affirmatifs, de negatifs,
d'interrogatifs, de demonstratifs, & de
ceux qu'on nomme congregatifs. Ie
rapporteray des exemples de tous; com-
mençons par ceux qu'on appelle de
temps. Eromé, auiourd'huy, maintenant:
Acólopo, demain; coignáro, hier: monin
coignáro, deuant hyer: Tóuké, souuent (Ce-

luy-cy fignifie auffi *beaucoup*.) *Binâro*, &,
Binâtomé, il y a long temps : *Colomónoto*,
bien toft : *Aéreté*, &, *Alliré*, dans peu de
temps. *Amouineté*, *Amouotáco*, *Amoueiá-*
coné, *Amouotácoté*, &, *Amouaiáti*, vne
autrefois : *Amouriáco*, quelquefois : *Amou-*
roba, encore : *Telaóné*, viftement. Les Aduerbes de lieu font, *Erobo*, *Enebo*, *Arotólo-*
bo, & *Akimáto*, icy : *óia*, &, *Né*, ou : *Tiché*,
loin : *Amoûco*, ailleurs : *Meiá*, là. Ceux de
quantité, *Tapónimé*, &, *Ascoumoûrou*,
beaucoup : *Ensíco*, peu : *óttoro*, combien? Il y
en a plufieurs de qualité, ie me contente-
ray d'vn, *Bâlipé*, vigoureufement, fortement.
l'Affirmatif eft, *Téré*, oüy. le Negatif, *Oüa*,
oüáti, *oüané*, &, *oüátinan*, *Non*. l'Inter-
rogatif, *Ottónomé*, *Pourquoy*? Le demon-
ftratif, *Ené*, voila. & enfin le Congregatif,
Accónomé, de compagnie, ou, en compagnie.

Pour les *Particules* que les Galibis adiouftent à la fin des mots, il y en a quel-
ques-vnes qui ne feruent que pour l'emphafe, & pour l'elegance, comme on
verra par les exemples. *Eroubáco mócé*,
fignifie, *Parle à celuy-là*; & pour le dire plus
elegamment ils adiouftent deux fyllabes,
& s'enoncent de cette forte, *Eroubáco mo-*
céreron: Semblablement *Iché*, eft vn verbe
qui fignifie, *Ie veux*, *I'aime*; pour le decla-

rer auec plus d'emphafe ils difent *Ichéïra.*
Ils font le même de l'Aduerbe *Allire, dans
peu de temps,* auquel ils adiouſtent, *té,* difas
ſouuent *allireté.* Mais, outre ces particules, ils ſe feruent encore de plu-
ſieurs autres qui ont quelque ſignification : i'ay déia fait mention de, *Ké*, qui
ſignifie *Auec*, *Boutouké*, auec vn *Boutou*:
en voicy vne autre qui marque de l'abon-
dance, & de la plenitude, *Bé*; pris ſepa-
rément, & hors de la compoſition n'a
point de ſignification : mais adiouſté à
Huéüé, qui veut dire, *du bois,* donne à entendre que le lieu dont on parle eſt
plein de bois, *Auto hueüébé*, *vne maiſon
pleine de bois.* De la même façon, *Accóleou,*
ſignifie *fieure*, & ſi ie dis, *Aoù máro accóleou, la fieure eſt auec moy, i'ay la fieure*, ie
n'exprime pas que ma fieure ſoit vio-
lente, mais diſant *Aoù accoleoübé, Ie ſuis
plein de fieure,* ie le declare parfaitement.
Voicy encore trois particules non moins
confiderables que celles dont ie viens de
parler, *Bóta*, *Poto*, & *Logón*, ou *Lotin*: la
premiere ſignifie la fin de quelque choſe, exemple, *Amoucotobóta, afin qu'en ce
faſſe vn autre*, ou, *pour en faire vn autre:* on
adiouſte au verbe la ſeconde pour

donner à entendre vn temps futur, *Mó-*
noüi poto, *aprés que tu auras mangé* : *mitoun-*
boüspoto, *aprés que tu seras mort* ? Et la
troisiéme signifie, *seulement*, *Ooüínlogon*,
vn seulement; *occólotin*, *deux seulement*. Enfin comme la terminaison en *an*, ou en
man, est ordinairement vn signe d'interrogation; *Oïa nosàn* ? *où vas tu* ? *Ichéman*?
en veux-tu? aussi la particule, *Pa*, adioûtée
à la fin du verbe, signifie fort souuent vne
negation; *Ichépa*, *ie n'en veux pas*.

　　Passons maintenant à quelques autres obseruations necessaires à l'intelli-
gence de cette langue. Elle met en vsage trois sortes d'*E*, le Masculin, le Feminin, & vn troisiéme que nous appelle-
rons le Neutre, qui tient vn peu des
deux, & neantmoins est different de tous
les deux : Les exemples sont pour le Masculin, *Ené*, *Voilà*; pour le Feminin *Nóke*,
Anóke, *qui* : & pour le Neutre *Ené-*
tale, *le nez*, *Appóllire*, *vne plume*; *Ipótele*, *le*
museau d'vn animal. Cette mesme langue
confond aussi quatre autres lettres de
nostre Alphabet, & de quatre n'en fait
que deux, prononçant non seulement
l'L comme *l'R*, & *l'R*, comme *l'L*. mais
encore le *B* comme le *P*, & le *P* com-

me le *B.* Exemples, Les Galibis disent
Amólo, & *Amóro, toy : Simeúlaba,* & *Si-
moúraba, vne planche. Aboitópo,* & *Aboitó-
bo,* la poignée de quelque chose ; ou le
lien auec lequel on l'attache. *Seboritáo,*
l'en aye trouué, ou, *Seporitáo. Aboíco, tiens,*
& *Apoíco,* qui signifie le méme.

Les Elisions de syllabes, & la compo-
sition des mots est fort commune parmy
les Galibis, *Ibíppo,* signifie, *la peau,* &
Amoù, veut dire *vn autre :* De ces deux
mots ils n'en font qu'vn, disant, *Amou-
bíppo, vne autre peau, vne autre écorce.* l'en
ay rapporté vn bel exemple dans la Relation, lors que j'ay dit qu'ils appellét leurs
chapeaux de paille dont ils se seruent en
dansant, *Apomaliri,* composant ce mot
de *Appóllire,* qui signifie *vne plume,* &
d'*Yaumaliri,* qui veut dire *vn bonnet.*

Ils ont aussi inuété plusieurs mots pour
exprimer ce qu'on leur a apporté d'Eu-
rope, & qu'ils n'auoient pas en leur pays,
comme les bestes à corne, les cheuaux, &
autres animaux que les Espagnols y ont
amenez, & plusieurs autres choses qu'ils
voyent en nostre vsage : mais, ou ils se
seruent, pour cet effet, des mots que les
Europeans leur donnent, n'y apportans

que fort peu de changement; ou ils en
forment d'autres sur le bruit, & sur le son
que ces choses font: de cette sorte ils appellent *Vacca*, les *Taureaux*, & les *Genisses*;
Cabaïo ou *Cauálle*, les *cheuaux*: *Sombrero*,
les *chapeaux*. *Cámicha*, les *chemises*, & méme *tous les habits dont vous nous seruons*: &
Carta, du papier, ou vn liure. Pareillement
ils nomment, *Tintin*, *vn marteau*, à cause du bruit qu'il fait: *Ikiriticátopo*, *vne*
poulie; & *Corótoco*, *vn coq*, *ou vne poule*,
pour la méme raison.

Pour le regard des animaux, & des oiseaux ils n'ont ordinairement qu'vn méme mot pour signifier le Masle, & la Fe-
melle, mais ils les distinguent, en adioû-
tant, quand il est necessaire, le mot de
Oukéli, *Masle*, & de *Oüóri*, qui signifie *Fe-*
melle. *Vacca Oukéli*, est *vn Taureau*, & *Vác-*
ca Oüóri veut dire *vne Vache*: le mesme
font-ils, quand ils parlent des autres.
mais pour distinguer les petits d'auec les
peres, & les meres, ils adioustent, *Magon*,
& disent *Corotocómagon*, pour signifier *vn*
Poulet; *Massómagon*, *vn Asnon*; & *Cabaïó-*
magon, *vn Poulin*.

Finalement, bien que cette langue
soit tres-abondante, & tres-riche, ils se

seruent souuent de metaphores, au lieu
des mots propres, & disent *Ourába niroún-
boûi*, Mon arc est mort, au lieu de *Ouràba
anétamaitáo*, Mon arc est rompu. *Niroúnbou-
lé Noûno*, *La mort de la Lune*, pour signifier *l'Eclipse de la Lune*. Semblablement
ils employent souuent vn ton de voix au
lieu de paroles, pour exprimer leurs sen-
timens : de cette sorte au lieu de répon-
dre *Téré*, c'est à dire, *ouy*, lors qu'on leur
parle, ils se seruent fort souuent d'vn petit soûpir redoublé : & quelquefois ne
disans qu'vn mot, auquel ils adioûstent
sur la derniere syllabe vn ton d'accent
aigu, ils suppleent à plusieurs paroles
qu'il leur faudroit dire, par exemple, le
mot, *Tibouchiné*, signifie *vne chose ag-
greable au goust*, mais quand ils y donnent
cet accent, par forme d'interrogation,
& disent, *Tibouchiné*? C'est comme s'ils
demandoient, *Si on a trouué du goust en
mangeant quelque chose ?* Ie ne parle pas
icy des lettres qu'ils enuoyent à leurs a-
mis pour leur donner assignation, & les
aduertir de se trouuer à certain iour au
lieu où ils se doiuent assembler. Ce qu'-
ils font par de petits bastons, dont le
nombre leur fait entendre dans combien

de iours ils fe doiuent rendre au lieu de
l'affignation. Ils fe feruent auffi de ge-
ftes, pour exprimer ce qu'ils veulent dire
traittant, & conferant enfemble, fans
eftre pourtant ny fourds, ny muets :
ce qu'ils font particulierement pour
defigner les nombres ; car bien qu'ils
ayent des mots pour en exprimer plufieurs, comme, *Oóüin, vn* : *Oóüin coman, vn*
feul ; *Occo, deux* ; *Oroa, trois* ; *Occobaí memé,*
quatre : *Atonéigné, cinq* : Ils marquent
neantmoins, pour l'ordinaire, ces mémes nombres fur lès doigts : & quand ils
furpaffent le nombre des doigts des
mains, & des pieds, ils fe feruent d'vne
poignée de leurs cheueux, qu'ils monftrent, plus petite, ou plus grande, felon
que le nombre qu'ils veulent exprimer
eft plus grand, ou plus petit : quelquefois
mémes, pour declarer vn tres-grand
nombre, ils monftrent route leur cheue-
lure : & s'ils y adiouftent celle des perfonnes qui les écoutent, ils pretendent
fignifier vn nombre qui tient de l'infiny.

Ces remarques fuffiront pour le def-
fein que ie me fuis propofé : A quoy
i'adioufteray feulement les mots les
plus neceffaires, & les plus ordinai-

res dans la conuerfation ; renuoyant les autres au Dictionnaire que i'ay laiffé dans le pays, & que i'efpere de perfectionner quand i'y feray arriué.

LES TERMES DONT ON A
le plus de befoin dans la conuerfation des Galibis.

LES NOMS DES CHOSES QVI
appartiennent au monde fuperieur.

LE ciel, Cábou.

Le Soleil, Hueïou.

La Lune, Noûno.

Le refte de la Lune, c'eft à dire le dernier quartier de la Lune, Noûno acofímbora, *ou*, acofímbata. Pleine Lune, Noûno acoufíboutan.

Les Eftoiles, Síricco. (*ce mot fignifie auffi vne année.*)

Les Nuees, Bécou.

La clarté du iour, Hueioúrou.

Le Vent, Bebeíto.

LES ELEMENS.

Le feu, Oüáto.

Vn tifon de feu, Oüatotópo.

De la cendre, Eró-
no.
L'air, Caboupíno.
L'eau, Toúna.
La mer, Bálana.
Vne riuiere , Eí-
courou.
La terre, Nóno.
La bouë, Acoúrou.
Bourbeux , Acou-
roúbeman.
Eau bourbeuse , A-
couroúbeman
toúna, *ou*, Acou-
roúbena toúna.
Eau qui ne se tarit,
ny ne s'écoule,
Aboumápoman
toúna.

Vne montagne ,
Ouíboúï.
Vne colline , Cas-
sáli.
Vne Sauane , prai-
rie, *ou* campagne ,
Ouói.
Sable , Sácau.
Pays marécageux,
Sabisábi
Isle, Oubáou.
Iardin à viures ,
Maïna.
Vne pierre , Tó-
bou.
Pierre à chaux : A-
maípo.

L'or , Caounágue.
L'argent, Ouraou-
rálou, *autrement*,
Ouráta.
L'airain, cuiure, *ou*
leton, Yoüarápi-
rou.

L'estain , Couras-
sou.
Le plomb, Piróto.
Le fer , Sibárari.

LES PERSONNES D'VNE
Famille.

Le Pere, Bába, *ou*
Yoúman.

Le Capitaine, A-
iouboúroùli.

La Mere, Bíbi, Il-
fáno.

Entanc, Sibíou.

Fils, Moúrou.

Frere, Bíou.

Sœur, Enáuté.

Les Seruiteurs,
Boúïtoùli.

LES MEMBRES OV PARTIES
du corps humain.

La teste, Ouboúp-
po.

L'œil, *ou* les yeux,
Yenoúrou.

Le nés, Enétalé.

Les mains, Eígna,
Eígnálé.

Vn foufflet, *coup
de main fur la ioüe,*
Sibanómoïa.

Le bras, Yáboulé.

Le pied, *ou* les pieds
Boúbourou.

Vn coup de pied,
Chítouca.

Le dos, Incanáré.

Le fang, Moínou,
& Moínoúrou.

La peau, Ibíppo.

Les terins, *ou* mam-
melles, Maná-
té, Manátele.

Les dents, Yéré.

Vn doigt, *ou* plu-
fieurs, Oüeítoúcó-
boli.

Les hommes,
Boúïtonou, &
Ouclían.

B

La Langue, Enoú-
rou.
Les cheueux, Yon-
fétti.
Les Femmes, Qu-
lían.
La Barbe, Arásibo.
Vn corps mort, Ti-
rómoffé.

OISEAVX , POISSONS , ANIMAVX.

Les Oiseaux , To-
nólo.
Les Cerfs, Ouſſáli.
Vn Tiercelet ,
Hüereíco.
Les Tigres , Caï-
couchi.
Vn Ramier , Oc-
cócoa.
Les Sangliers du
pays, Poinco.
Les Occo , *qui ſont*
de grands oiſeaux ,
Occo.
Vn Eſcureuil, Xí-
pourou.
Vn Rat, Ratoni, *&*
Toúli (*ce dernier*
ſignifie auſſi vne
Lampe.)
Les Poules, Coló-
toco, *ou* Corótoco.
Vn Faiſan , Maláſſi.
Les Poiſſons, O-
üótto.
Vn chat, Mécho.
La Raye, Sibári.
Taureau, *ou* Geniſ-
ſe, Vacca.
Les Crocodiles,
Accálé, *&* Accá-
leou.
Cheual, Cabáio,
Cauálle.
Vn Aſne , Máſſo.
Vne Brebis, Cali-
nérou.
Les Animaux de
terre, Ippété no-
némbo.
Cochon de France,
Bouiroúcou.
Chien, Sóſſo, Péro.

Oulána, espece de Lieure, Oulána.

Acouti, espece de Lapin, Accouli, *ou* Acoulítocon.

Est-ce vn Acouti? Accoulicátocon mórora?

LES INSECTES, ET LES SERPENS.

Vn Serpent, Occó-ïou,

Vn Scorpion, *&* *méme* la constella-tion que nous ap-pellós de ce nom, Sibíriri.

Cousins, *ou* Marin-goins, Máco.

Les Moustiques, Mapíri.

Les Chiques, Chí-co.

Les Fourmis, Huínco.

LES MEVBLES D'VNE CASE.

La case, Aúto.

La couuerture d'v-ne case, Autibíp-po *(côme qui diroit,* la peau d'vne ca-se.)

Le Carbet, Tábouï.

Leurs petites ta-bles, Matóurou.

Vn siege, Amou-léri.

Ton Siege, Aïabó.

Vn Canari, *ou* pot de terre, Toúma.

Le trípier *pour porter sur le feu le Canari,* Toúma abóné.

Vne Hotte *à leur mode,* Catáuti.

Vn lit, Acáto, *ou* Báti.

Vne couuerture de lit, Acát'ibíppo, *ou*, Bat'ibíppo.

Vaiſſelle de terre, Arináto.

Vne Calebace, Toúton.

Vn plat, Palábi.

Vne cullier, Toúpo; (*ce mot ſignifie auſſi, deſſus.*)

Vn ſouflet, Oüo-lioüóli.

Vn coffre, Arca.

Vne lampe, Toú-li (*Il ſignifie encore* vn Rat.)

Vne planche, Si-moúlaba.

DENRÉES DONT LES SAVVAGES *ont beſoin.*

Vne Hache, Oüio-üi.

Vne ſerpe, Sará-bou, *ou*, Manſéta.

Anſart, *ou*, grand couteau qui n'a pas de pointe, A-toúnban.

Vn couteau ordi-naire, Malía.

Vn raſoir, Keré-meſſi.

Lancete de Sauua-ge, Acoutaïabé-ne.

Des aiguilles, Cá-couſa.

Des eſpingles, Al-loſlérou.

Des hameçons, Cóüé.

Des cloux, Aſſi-moúcou.

Vn Marteau, Tin-tin.

De la Raſſade, Ca-choúrou.

Vn ſiffler, Anetóle-gon.

VAISSEAVX POVR NAVIGER.

Vn Nauire, Canná-
bira.

Vne Barque, ou
Batteau, Patáche.

Vn Pirogue, *espece
de Barque longue
dont ils se seruent,*
Cánaoüa.

Vn Canot, Collía-
ra. (*Ils appellent
encore de ce nom* la
constellation du
Charriot.)

Vne Poulie, Ikiri-
licátopo.

Vne corde, Cabó-
üïa, *ou,* Amóté.

Vn auiron, Abóu-
coüita.

LES ARMES.

Vn Arc, Ourába.

Vne Fleche, Blé-
oüa.

Vn Boutou, *ou mas-
sue de bois, dont ils
se seruent à la guerre,*
Boutoù.

Vne épée, Soubára.

Vne pertuisane, *ou,*
halebarde, Pa-
lássari.

Vn Canon, Tírou.

Vn Mousquet, *ou*
Fusil, Aracaboús-
sa.

La Bale d'vn Mous-
quet, Aracaboússa
táno, *ou* Bárou.

de la Poudre à Ca-
non, Bouroubou-
rou.

Guerre, Erécou, Erécoúrou ; (*ces mots signifient aussi la cholere*).

Les ennemis, Eitó-to.

Ennemis qu'il faut perdre, Éitóto a-camáre, (*De là est deriuée la metapho-re de* Toúma aca-máré, *qui veut dire, vn Canari rompú, perdu*).

Vn baſtő, Y'áboſé.

Vn foüet, Macoáli.

FRVITS.

Vne Fleur, Eboï-reré.

La graine, Eboípo.

Figues *du pays*, Me-guérou.

Gros mil d'Inde, Ouáſſi.

Les Patates (*racines bonnes à manger*) Nápi.

Le Coton, *&* l'Ar-bruiſſeau qui le porte, Máourou.

MAL, MALADIE.

Douleur, Yeton.

Ie ſuis malade, Ye-tómbé.

I'ay du mal à la te-ſte, Ouboúppo Yetómbé.

Echaufure, Tó-moin.

Ecrouëlle, Toüó-moin.

Fieure, Accóleou.

Les Pians, espece de verole, Poëtai ïa ïá.

Apostume, Iconoúrou.

Vn emplastre, Enó-boun, (*ce mot signi-fie aussi* vn bou-chon, Etáboudi, Bouche, Ferme.)

Malade, Anetáno, ou, Anetaïmeoua.

COVLEVRS.

Blond, *ou* roux, Tauíré.

Rouge, Tapíré.

Blanc, Tamoúné, *ou,* Aboírigé.

Noir, Tiboúrou, *ou,* Tiboúroié.

HABITS

Toute sorte d'ha-bits, *& en particulier* vne chemise, Cá-micha.

Le petit tablier, dont ils se cou-urent, Bibiálé.

Vn chapeau, Som-bréro.

Bonnet, *ou* calote, Youmalíri.

Chapeau de paille pour danser, Apo-malíri.

Frange, Amoto-poúron.

LEVRS COMPLIMENS.

Tu es venu, (*qui est leur salut quand quelqu'vn arriue*) Móboüi.

Oüy ie suis venu (*qui est le salut reciproque*) Téré óboüi *ou simplement* Teré, oüy.

Ie m'en vày (*à la fin de la visite, quand ils prennent congé*)

Oússa iroúmbo. *ou simplement,* Ie vay, oússa. *ou mesme,* Ie te saluë, adieu, Sálua, *quelques vns disent,* Sarua. *quelques autres ne disent autre chose que,* A la maison (*sous-entendant ie m'en vay*) Aúto bóna.

VIVRES.

Le pain, *ou* Cassaue, Méiou, *ou* Eréba.

Oüicou (*breuuage*) Oúocou.

Du vin, Binum. *Quelques-vns appellent le vin, ou l'eau de vie,* Oüicou de

France, Oúocou France.

Du lait, Manatelécoupo.

Des œufs, Imon.

Qu'as tu à manger? Anok'ioütiménà?

LES MOTS QVI SIGNIFIENT quelque qualité.

Ieune, Boüíto, *&* Boüítomé.

Vieil, Binátomé, *(comme qui diroit vn homme qui est depuis long-temps).*
Menteur, Enabíri, Tonábimé, Maráca, Anameroúrou, *&* Ananemoúmaï.

Qui n'est pas menteur, Anábipa.
Bon, *ou beau,* Iroupa, iroupacóne-má *signifie le même.*
Taquin, Amoúnbé.
Vilain, Aïamónké.
Pesant, Amotchimbé, *ou,* Amotchimban.

LES ESPRITS.

Les esprits, Issiméíri.
Dieu, Diósso (*emprunté des Espagnols*).
Le Capitaine de tous les hômes, & de tous les Anges, Ibápporo Bouítounou Aïouboútouli, Issiméíri bouítouli robà.

Vn homme qui a de l'esprit, Issiméíké. qui n'en a pas, Issiméipa.
Les Anges, *ou* esprits seruiteurs, Issiméíri bouítouli.
Les Diables, Yólocan.
L'Ame de l'homme, Acápo.

QVELQVES MOTS
Qui n'ont peu estre placez sous aucun titre.

Autre, Amoù.

Mettez mon lit ailleurs.

Amoúco ïaróbáti.

Quelqu'vn, Amóuco, *&*, Amóuna.

Aucun, Amóucon.

Grand, Apótomé.

Petit Ensíkè, *&* Ensíti.

Image, *ou* tableau, Ebaton.

Vne éponge, Anaáguira.

Méchant hôme, Yáoüamé.

La poignée de quelque chose, *ou* le lieu par lequel on la prent, Aboitópo, *qui signifie aussi* le lien auec lequel on attache quelque chose.

Vne corne, Imerétipo.

Qui n'est pas sec, Anólipa, *ou*, Anorípaman.

Vne chandele, cololéta.

Sommeil, Oüetou.

Chemin, óma.

Chemin par terre, Mápo.

Vne verge, Moínou (*qui signifie aussi* du sang.

Pluye, & hiuer, Connobo, à cause de la pluye, Connóboké.

Precipice escarpé, Anáïa.

Compagnons, Accóno, *ou*, Acconónto.

De compagnie Accónomé.

Raclures de Magnóc, Cassiríppo.

Bouïllie de Magnoc, Cassiri.

Le reste, Acoſsím-
bo, *ou*, Aconóm-
boro.

Le prix de quelque
choſe, Ebetimé (*&*
par metaphore , En
reuanche).

La langue d'vn païs,
Eoulánánon.

Eſcume, Aco, A-
cómbo.

Eſcume de ce qui
bout, Acómbo ou
tápo.

QVELQVES VERBES ET FACONS
de parler aſſez ordinaires.

Dóne moy, amíaro.

Donne moy des ha-
meçons , Amíaro
cóüé.

Parler, E'oulan, *ou*
Xéroubàn.

Allons prier Dieu ,
Cáman Xérouban
Dióſſo (*c'eſt à di-*
re parler à Dieu.)

Parle à celuy là : E-
roubáco Mócé.

Ie n'entens pas ,
Toüálopa ; Ana-
goútipa (*ces ver-*
bes ſignifient auſſi, Ie
ne ſçay pas.)

Tu n'entens pas,
Anátapa.

Il a bleſſé , Nioüi-

Il eſt allé derriere,
Acouloutánotáca
níton.

Nous mangerons ,
Xóno.

Ie ne mange pas,
Anónopa, *ou*, A-
nonópaoüa.

Quoy, oté?

Que veux-tu ? óté
mólo ?

Combien veux-tu
de cela? ót' ebété?

Pour ne l'auoir pas
achetté , Anabé-
mapa. Ce qui
appartient à quel-
qu'vn, Oüonápo.

Anok'ouonápo ? à qui est cela ?

Qui es-tu? Anók'amólo ?

Qui est-ce? Anókeré?　Nom, Eté.

Quel est le nom de cela? Nok'été?

J'ay des Rasoirs, Aoù máro kerémessi.

Les oiseaux n'ont pas fait de petits, Tonólo animíngapa.

Chez celuy-ià, Moco Bourouloures̄bo.

Allons, Cáman.

Allons, de peur que la pluye ne vienne, Cáman cónnoboïóboulé bóna.

Que ie voye, Séné, *ou*, Amoù séneica.

Va, Itángo. va t'en, Itang'iroúmbo.

Fais le chemin de ton pied, Aboúbouroubocò itángo.

Attaché, ïeímoï.

Tiens, Abóico.

Tiens fortement, Aboíco bálipé.

C'est sa coustume, Emérero.

Viens, *(quand on appelle quelqu'vn de loin)* Occóné.

I'écris, Siméro.

Ie n'écris pas, Animéropa, *ou*, Animerópaoüa.

Tu ne l'écris pas, Animerópaman.

Il enuoye, Aboïócon.

C'est fait, Abopótairo.

La chandelle ne degoute pas, Cololéta anicotápana.

N'attens pas, animomókepa.

Ton pied est enflé, Toutácaï aboubou`rouman.

Il est allé querir de l'eau, Tounáïé.

Il est allé, querir du bois, Hueüéïé.

On ne l'a pas crû, Amouicapároma.

C'est cela, Anoroníbosélotin.

Il prit, Aboïámi.

Ie n'ay pas pris, Anáboipa.

Ne le prens pas. Aboipa cáco, *ou*, Aboipanígné.

Ceux qui prenent, Aboïátona, *ou*, Aboïátono.

Emporte, Amoúncoron.

Qui n'est pas bruslé, Acópa.

Cassaue qui n'est pas bruslée, Meïou acópa.

Le Soleil est si chaud, qu'il met hors d'haleine les personnes, Acoumoüïcáé huéïou.

Ie ne boiray pas, Aïaboúroupa, *ou*, Abouroúpagon oüítaké.

Donne à boire, Coüábo, *ou*, Coüáboco.

Ie donne à boire, coüáboüïa.

Ie ne verse pas, Anicómápaoüa.

Ie n'ay pas soif, Anakelipásiman.

Iusqu'à ce que i'en aye trouué vn autre, Amoucoúnoba seborícao, *ou* seporícao.

De l'vn, & de l'autre costé du chemin, Yeoüíni omáboco Amoúman.

Est-ce vn autre? A-moúté catoubé-ronan?

Ton arc ne bande point, Anabícapa oürába.

N'y touche pas, A-nabópaïco.

Ie ne suis pas adroit, *ou* propre, Anábo-pa ipóco.

Nous sommes é-gaux d'âge, Ana-iáboüan.

Ie n'y ay pas esté, Anetaóüapa üeïá-iné.

Ie ne plante pas, Anibómoüipa.

Ie n'ay pas fait, A-nicaboüípaoüa.

Qui n'est pas fait, Anicaboüíporo.

Ie n'auois point dormy qu'il estoit iour: Oüetoüani-cáboüipa ïemá-moüi.

Est-ce de ton fait, Anikérepo éné?

Que ce soit mon a-nimal, *ou*, mon oi-seau, Yéguemé.

Il mourra, Niroûm-boüi alliré, *ou*, A-nioüónin córo.

Il est mort, Aboïá-mé nómaï, *ou*, Ni-roúnboüi.

Ie m'en vay, Anóté óüa, (*le même que* Oússa iroúnbo.)

Comme cela, de la sorte: Enóüara, *ou*, Iróüara.

En forme de croix, Patónebo.

Ie suis las, Yakíntaï.

F I N.

EXTRAIT DV PRIVILEGE
du Roy.

PAr grace & priuilege du Roy, il est permis à Sebastien Cramoisy, Marchand Libraire Iuré, Imprimeur ordinaire du Roy, & de la Reine mere de sa Maiesté, Directeur de l'Imprimerie Royale au Chasteau du Louure, ancien Escheuin, Consul, & Bourgeois de Paris, d'imprimer ou faire imprimer vn liure intitulé : *Relation des Missions des PP. de la Compagnie de Iesus dans les Isles, & dans la terre ferme de l'Amerique Meridionale. Auec l'Introduction à la langue des Galibis,* &c. composé *Parle* P. PIERRE PELLEPRAT, *de la mesme Compagnie.* Et ce pendant le temps & espace de neuf années consecutiues. Auec defenses à tous Libraires & Imprimeurs de l'imprimer, sous pretexte de déguisement ou changement qu'ils y pourroient faire, à peine de confiscation, & de l'amande portée par ledit Priuilége. Donné à Paris au mois de Iuillet 1655.

Signé, Par le Roy en son Conseil

CRAMOISY.